LIEBER LESER

DIESES BUCH IST HAUPTSÄCHLICH FÜR ANFÄNGER GEDACHT, DAMIT SIE IHR ERSTES ARMENIENISCHES WORTSCHATZ LERNEN KÖNNEN. MIT DIESEM BUCH KÖNNEN SIE TIERE, FARBEN, TRANSPORTMITTEL, GEMÜSE UND OBST ERKENNEN. BUNTE ILLUSTRATIONEN HELFEN IHNEN DABEI, NEUE WÖRTER AUSWENDIG ZU LERNEN.

DER INHALT DIESES BUCHES IST EIN WESENTLICHES INSTRUMENT, UM SIE BEIM ERLERNEN DER GRUNDLAGEN DER ARMENIENISCHEN SPRACHE ZU UNTERSTÜTZEN.

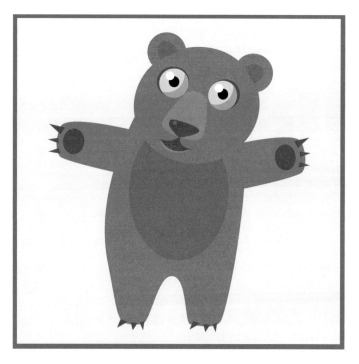

արջ ARJ

փղ P'GH

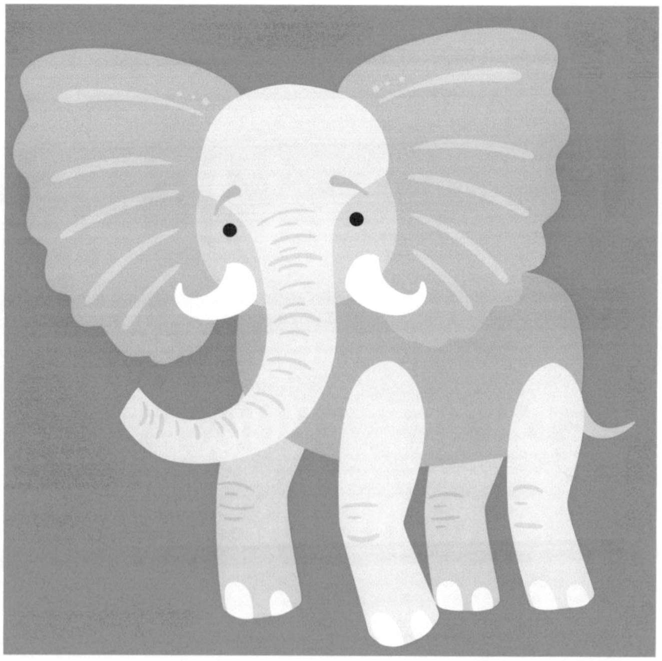

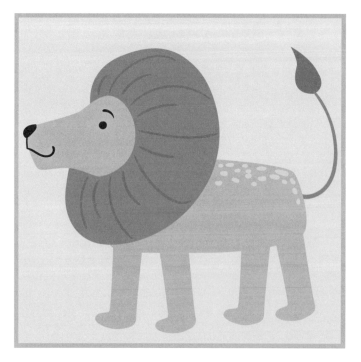

Առյուծ ARRYUTS

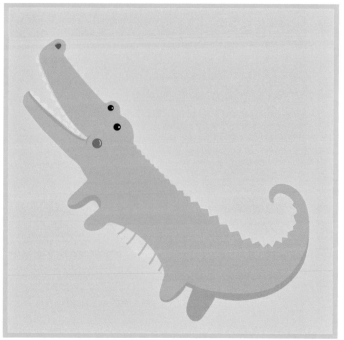

ալիգատոր ALIGATOR

կապիկ KAPIK

շուն SHUN

ձիավոր DZIAVOR

կատու KATU

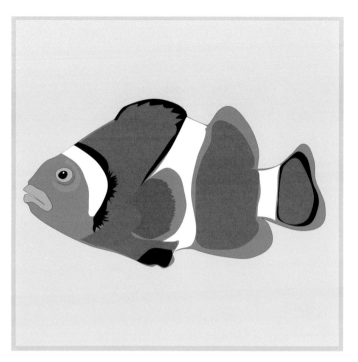

ձուկ DZUK

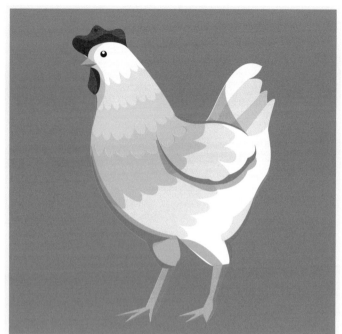

հավ HAV

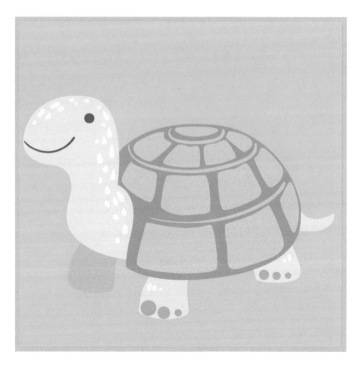

կրիա KRIA

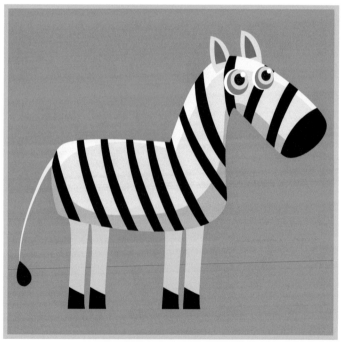

զեբրա ZEBRA

մուկ MUK

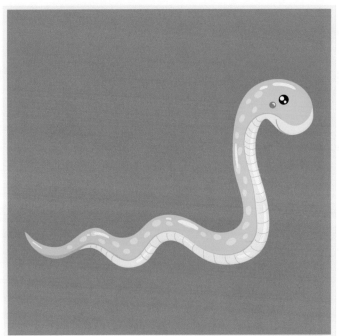

օձ ODZ

շվեդ SHVED

խոզ KHOZ

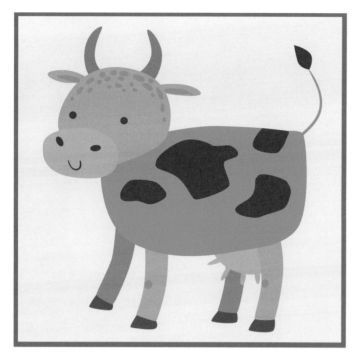

կով KOV

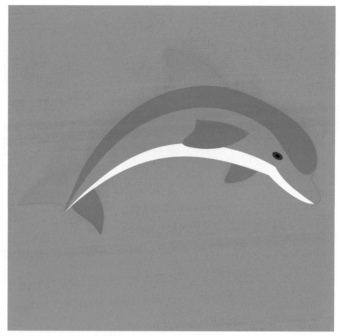

դելֆին DELFIN

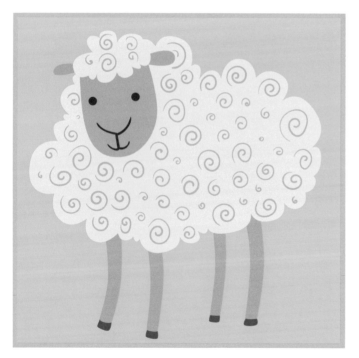

ոչխարներ
VOCH'KHARNER

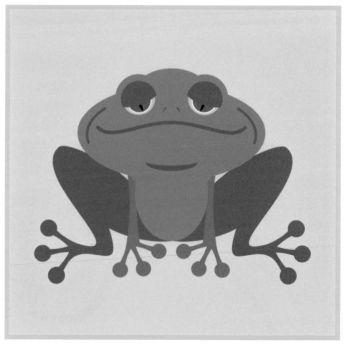

գորտ GORT

գազար GAZAR

լոլիկ LOLIK

կարտոֆիլ KARTOFIL

սոխ SOKH

շաղգամ SHAGHGAM

բրոկկոլի BROKKOLI

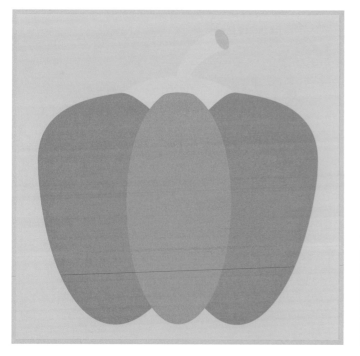

պղպեղ PGHPEGH

սմբուկ SMBUK

ծաղկակաղամբ
TSAGHKAKAGHAMB

դդում DDUM

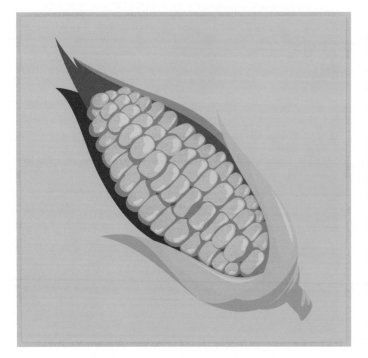

եգիպտացորեն
YEGIPTATS'VOREN

վարունգ VARUNG

ավտոմեքենա
AVTOMEK'ENA

տաքսի TAK'SI

ինքնաթիռ
INK'NAT'IRR

ավտոբուս
AVTOBUS

ուղղաթիռ
UGHGHAT'IRR

Հեծանիվ
HETSANIV

մոտոցիկլ
MOTOTS'IKL

բեռնատար մեքենա
BERRNATAR MEK'ENA

բանան BANAN

նարնջի NARNJI   խնձոր KHNDZOR

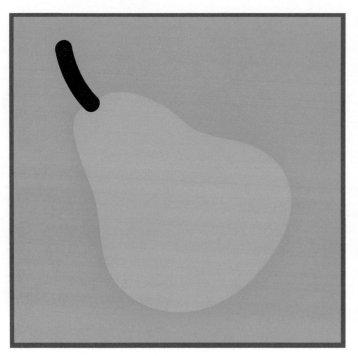

տանձ TANDZ

արքայախնձոր
ARK'AYAKHNDZOR

ձմերուկ DZMERUK

կիտրոն KITRON

դեղձ DEGHDZ

Կիվի KIVI

ազնվամորի
AZNVAMORI

Խաղող
KHAGHOGH

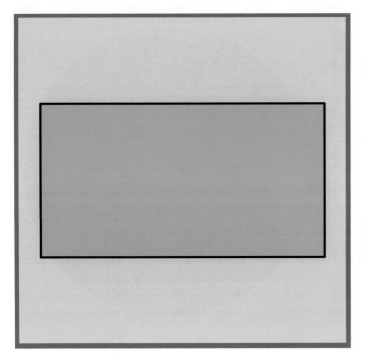

ուղղանկյունի
UGHGHANKYUNI

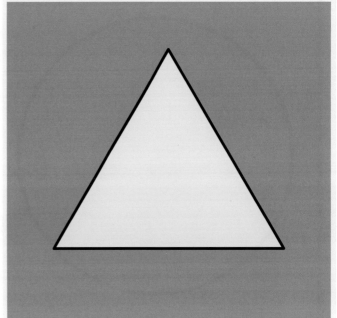

եռանկյունի
YERRANKYUNI

քառակուսի
K'ARRAKUSI

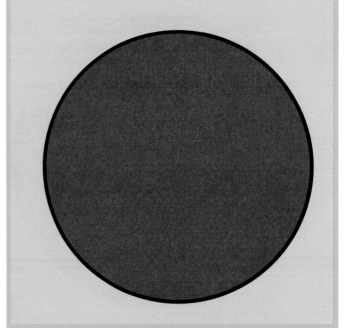

ձվաձև
DZVADZEV

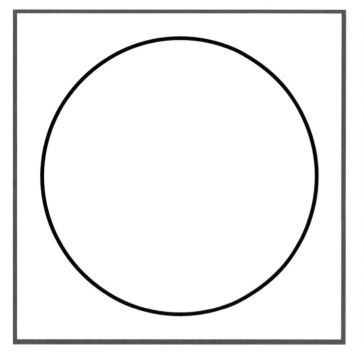

սպիտակուց
SPITAKUTS'

Սեվ SEV

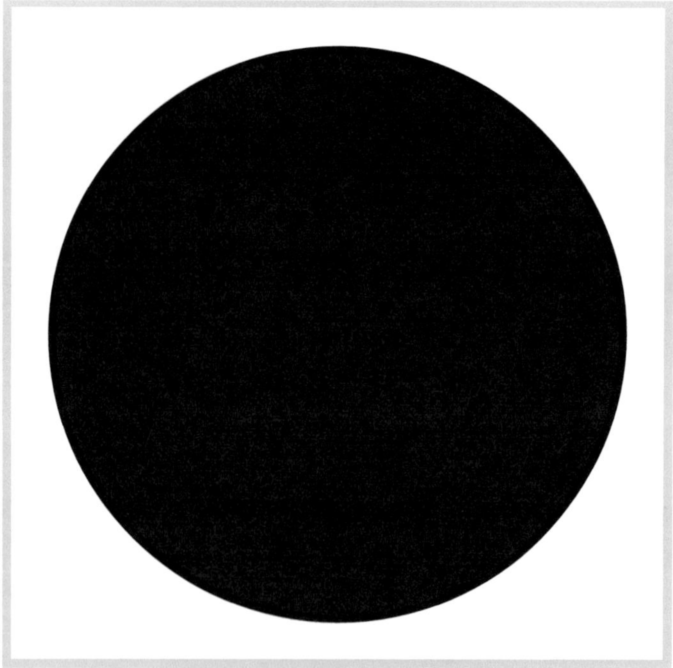

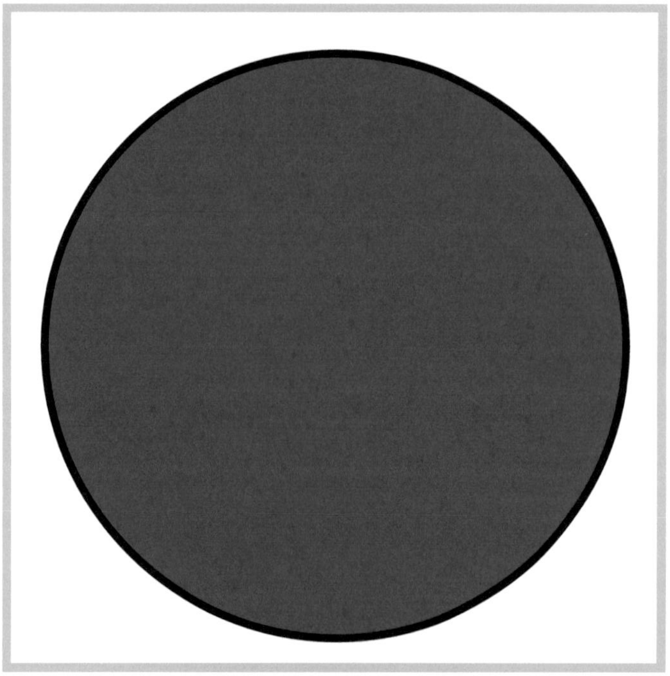

Կապույտ
KAPUYT

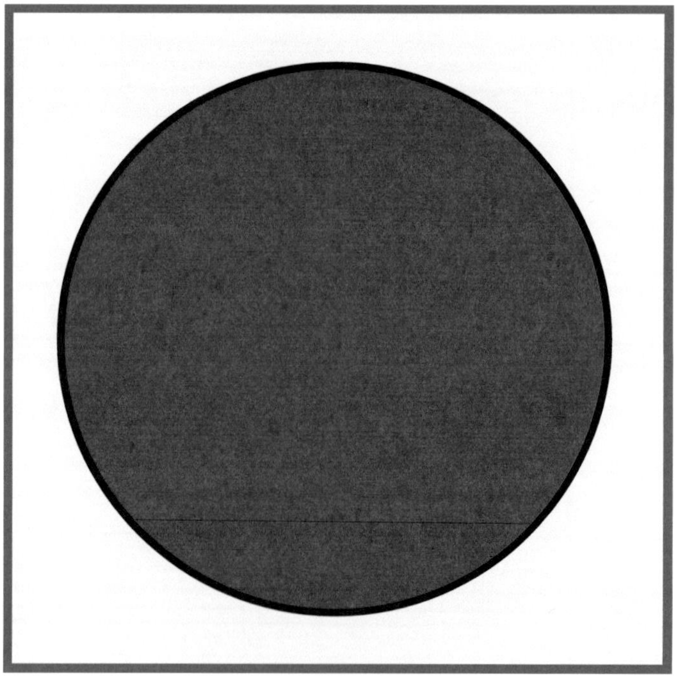

կարմիր
KARMIR

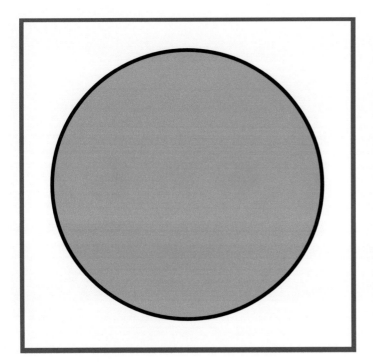

նարնջի NARNJI

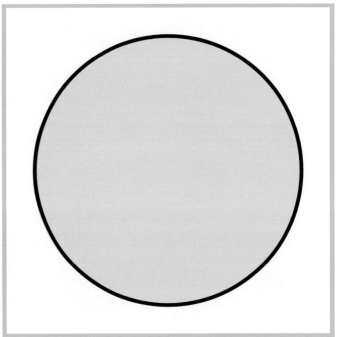

դեղնուց DEGHNUTS'

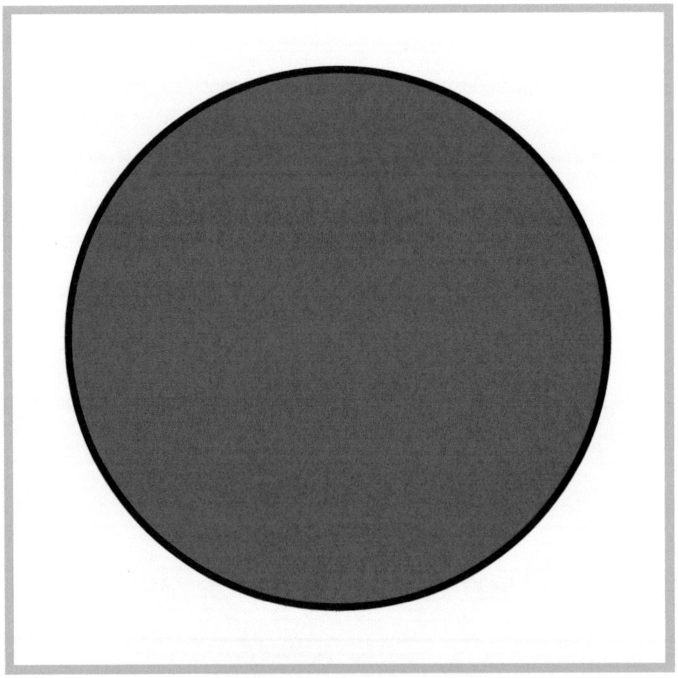

վարդագույն
VARDAGUYN

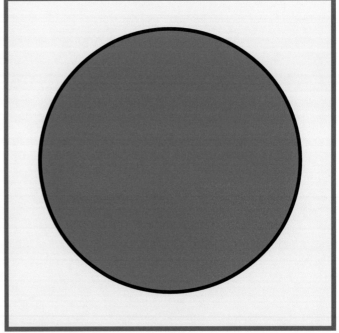

կանաչ KANACH'

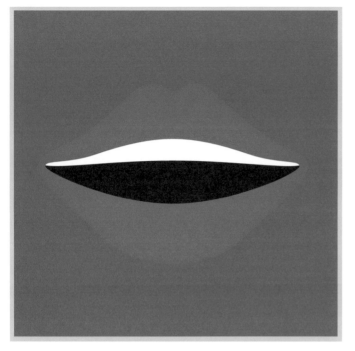

բերան BERAN

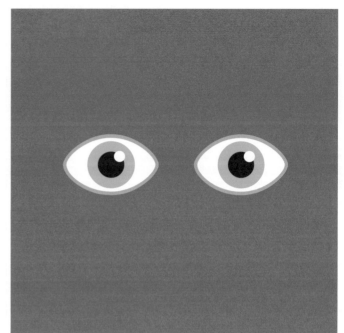

աչք ACH'K'

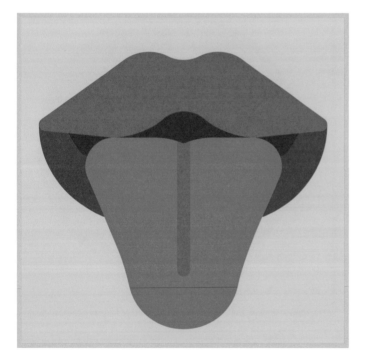

լեզու LEZU

քիթ K'IT'

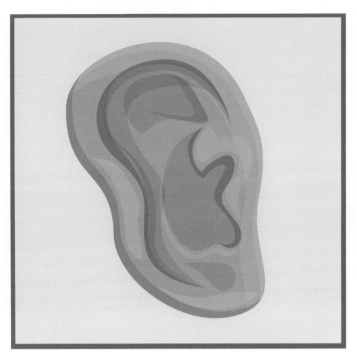

ականջ AKANJ

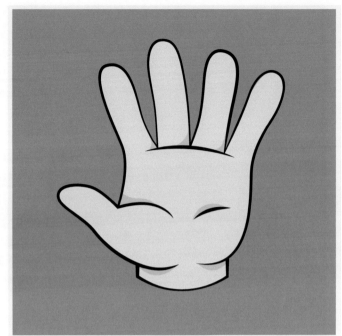

ձեռագիր DZERRAGIR

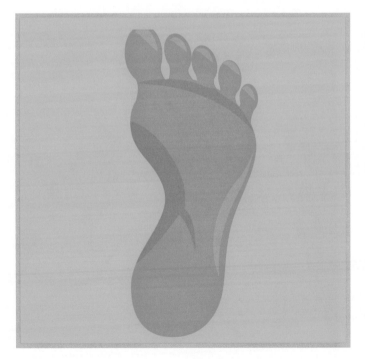

ոտք VOTK'

մազ MAZ

գարուն GARUN

ամառ AMARR

ձմեռ DZMERR

աշուն ASHUN

ծաղիկ TSAGHIK

ծառ TSARR

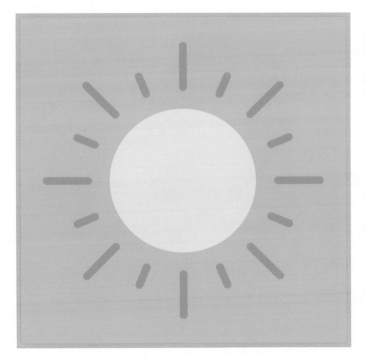

արեւ AREV

ամպեր AMPER

շապիկ SHAPIK

կոշիկներ
KOSHIKNER

վերնաշապիկ
VERNASHAPIK

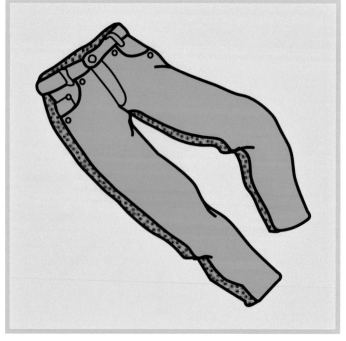

տաբատ TABAT

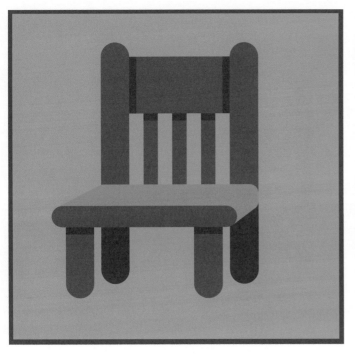

Աթոռ AT'VORR

պատուհան PATUHAN

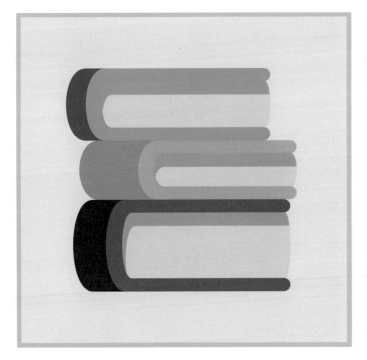

գրքեր GRK'ER

դուռ DURR

ժամացույց
ZHAMATS'UYTS'

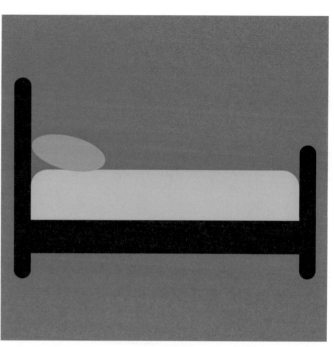

անկողն ANKOGHN

պատառաքաղ
PATARRAK'AGH

գդալ GDAL

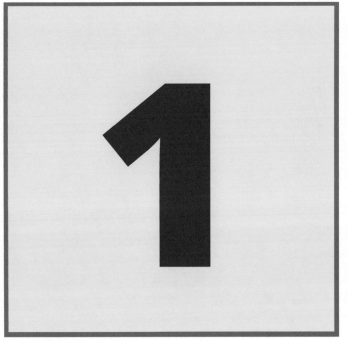

1

մեկ MEK

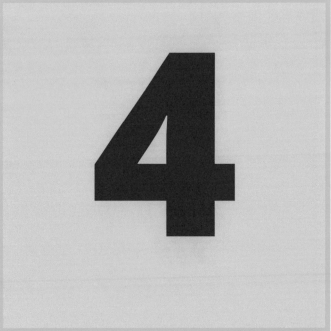

2

երկու YERKU

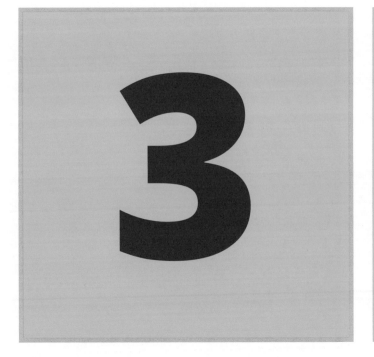

3

երեք YEREK'

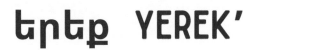

4

չորս CH'VORS

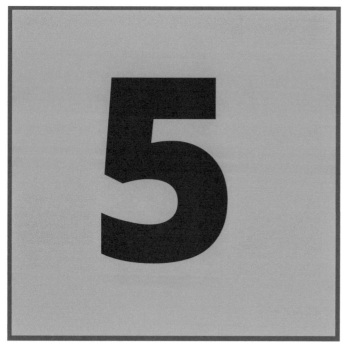

5

հինգ HING

6

վեց VETS'

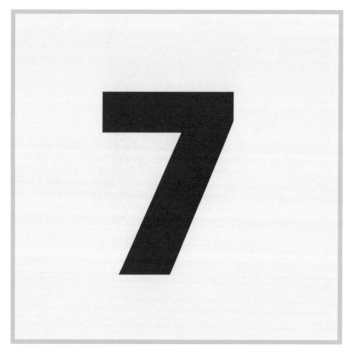

7

յոթը YOT'Y

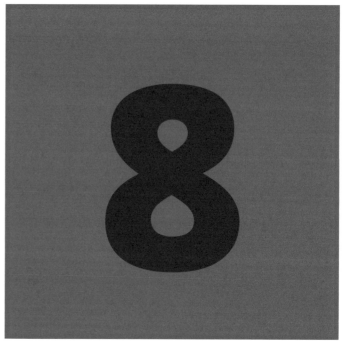

8

ութ UT'

9

ինը INY

10

տասնյակ TASNYAK

100

հարյուր HARYUR

1000

հազար HAZAR

Հավ HAV

նրբաբլիթ NRBABLIT'

աղցան AGHTS'AN

կարտոֆիլ ֆրի KARTOFIL FRI

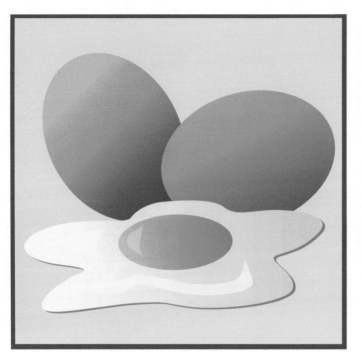

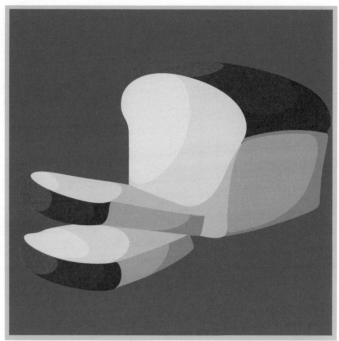

ձու DZU

հաց HATS’

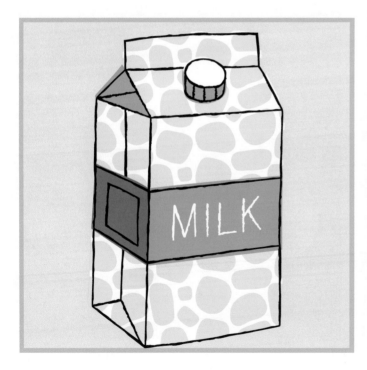

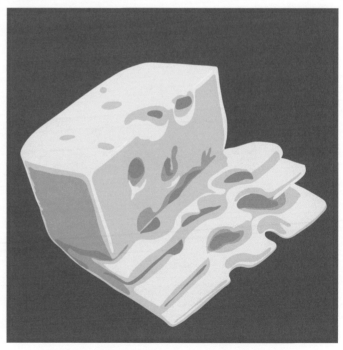

կաթ KAT’

պանիր PANIR

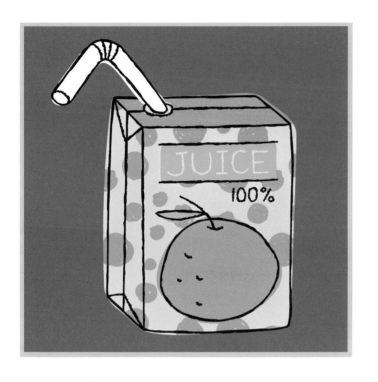

հյութ HYUT'

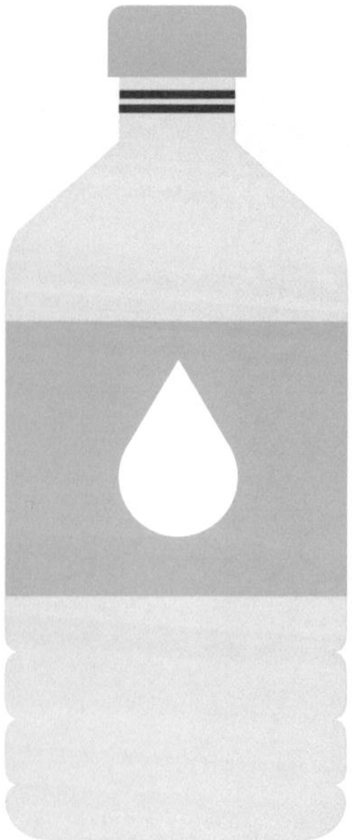

ջրմուղ JRMUGH

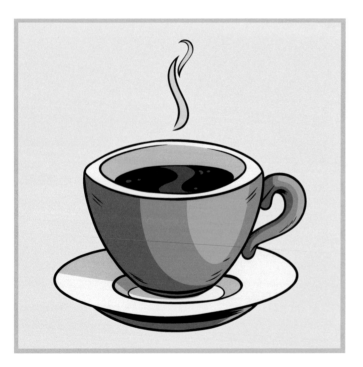

դագաղ DAGAGH

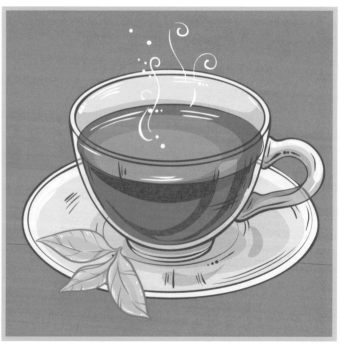

թեփ T'EP'

Printed in France by Amazon
Brétigny-sur-Orge, FR

16402818R00018

Meine ersten worte auf
Armenis
9798820224515.2

ISBN 9798820224515
90000
9 798820 224515

Jag är blyg
ผมอาย
Barns tvåspråkiga bildordbok
Svenska-Thailändska